COLONISATION

DE L'ALGÉRIE

PAR DE GRANDES SOCIÉTÉS FRANÇAISES

PAR

M. GEORGES GALENS

Vérificateur de 1re classe du Service de la Topographie
en retraite.

ALGER

IMPRIMERIE ORIENTALE PIERRE FONTANA ET Cᵒ,

Rue d'Orléans, 29.

—

1893

COLONISATION

DE L'ALGÉRIE

PAR DE GRANDES SOCIÉTÉS FRANÇAISES

PAR

M. GEORGES GALENS

Vérificateur de 1re classe du Service de la Topographie
en retraite.

ALGER

IMPRIMERIE ORIENTALE PIERRE FONTANA ET Cᵒ.

Rue d'Orléans. 29.

—

1893

Oran, le 15 mars 1893.

A Monsieur Saint-Germain,

Député d'Oran.

Comme vous êtes parmi nos représentants, quoique le plus jeune, un de ceux qui prenez très à cœur les intérêts de notre belle Algérie, permettez-moi de vous dédier cette modeste étude qui a pour objet l'extension de la colonisation de ce pays.

Quel que soit le système colonisateur qu'on soit disposé à continuer pour mener à bien la grande œuvre entreprise par la France, il est parfaitement reconnu aujourd'hui que *seule la colonisation par le peuplement européen*, pourra amener progressivement le rapprochement entre les colons et les indigènes et rendre en même temps complète la sécurité vainement promise jusqu'à présent.

Si ceux qui ont reçu mission d'étudier *sur place* la question algérienne sous tous ses points de vues, s'étaient mieux pénétrés des bienfaits qu'a déjà procuré aux indigènes leur contact avec les colons, ils rendraient à ceux-ci la justice qui leur est due en encourageant davantage leurs efforts, et ils se persuaderaient de cette vérité qui est incontestable pour tous, que *hors de la colonisation*, il ne peut y avoir de prospérité ni de salut pour l'Algérie.

Dans de prochains débats cette question sera soumise à la Chambre.

La parfaite communion d'idée qui existe à ce sujet entre tous les habitants de notre colonie et leurs représentants au Parlement est une assurance pour nous, algériens, que vous serez en cette circonstance, ainsi que vous l'avez été jusqu'à présent, le défenseur zélé de nos intérêts qui sont également ceux de la France et notre belle patrie sera d'autant plus grande et plus puissante, que son domaine colonial deviendra plus prospère.

G. GALENS.

COLONISATION DE L'ALGÉRIE

PAR DE GRANDES SOCIÉTÉS FRANÇAISES.

I

EXPOSÉ.

L'extension donnée à la colonisation par la création de nombreux centres Européens dans la région du Tell, démontre suffisamment que la colonisation est l'élément principal et indispensable pour assurer à tout jamais la prospérité de l'Algérie dans un avenir peu éloigné.

Les questions soulevées au sujet des rapports entre les colons et les indigènes ne sont qu'accessoires et trouveront leur solution naturelle, pour les intérêts en cause, dans une application sérieuse d'un système de colonisation permettant d'attirer en Algérie le plus grand nombre d'immigrants Français et de les y retenir.

Lorsque les intérêts des colons et des indigènes deviendront communs, ces derniers reconnaîtront facilement les bienfaits de notre colonisation et ils y viendront d'eux-mêmes.

Nous savons tous ce qu'ont produit, depuis l'application de l'ordonnance royale de 1846, tous les systèmes de colonisation, aussi bien la création des colonies agricoles de 1848, que la colonisation officielle qui lui a succédé et se continue encore de nos jours. Malgré les résultats obtenus, il est parfaitement reconnu aujourd'hui que la protection dont l'administration entoure les colons dès leur arrivée n'est pas suffisante pour seconder les efforts individuels. Nous dirons même que c'est souvent une entrave, sinon un obstacle, qui décourage l'immigration française et l'empêche de se porter vers l'Algérie.

Pour remédier à cet état de choses, il nous paraît nécessaire que l'initiative privée vienne en aide à l'Administration, en faisant pour ce pays ce que les grandes Compagnies firent jadis pour nos colonies du Nouveau-Monde, et ce que font encore aujourd'hui d'autres Sociétés d'immigration pour des contrées lointaines, où de nombreux colons accourent de l'Europe, que peut-être beaucoup ne reverront jamais.

L'Algérie est aux portes de la France ; elle est sans contredit une colonie des plus florissantes, on y parle la même langue, les mœurs y sont semblables, et le Colon qui vient s'y établir change de pays sans changer de patrie. Que d'avantages à faire valoir, bien supérieurs à ceux que les immigrants vont chercher en Amérique !

Il faut que les anciens colons algériens, enrichis par leur labeur, proclament tout haut ce qu'ils ont fait dans notre belle Colonie et ce que peuvent encore y faire des bras vaillants pour rendre à l'ancien grenier de Rome sa fécondité d'autrefois.

C'est à des Compagnies de colonisation sérieusement constituées *de choisir et d'amener des Colons laborieux, agréés par l'Administration* et auxquels elle donnera des terres alloties dans des villages à créer, et où nos nouveaux compatriotes ne seront pas abandonnés à eux-mêmes ; ils y trouveront, dès leur arrivée et prêtes à les recevoir, une maison construite et des terres en partie défrichées.

Ce qui est impossible pour l'Administration, dont l'action est limitée, des Compagnies de colonisation sauront le faire en envoyant des agents et des publications dans les départements agricoles de la Métropole, afin que chaque paysan sache bien qu'il y a près de lui une seconde France, où il sera reçu à bras ouverts et pourra arriver facilement à l'aisance, s'il veut et peut travailler.

C'est donc une œuvre patriotique qui assurera la prospérité de l'Algérie ; n'oublions pas que plus notre Colonie sera riche et féconde, plus elle augmentera la grandeur et la puissance de la France, notre chère et bien-aimée Patrie.

II

CONSIDÉRATIONS GÉNÉRALES

Pour démontrer l'utilité et les bienfaits que peuvent amener en Algérie les Compagnies de colonisation, et rendre évidente l'efficacité de leur œuvre, il suffirait de procéder à bref délai à l'application d'un programme d'essai qui permettrait de constater les résultats d'une pareille application et qui réduirait à néant tous les doutes et toutes les préventions.

Pour atteindre ce but, il faudrait procéder d'une manière pratique et peu onéreuse pour tenter une expérience et, à cet effet, s'entendre dès à présent avec l'Administration, pour que l'Etat mette à la disposition d'une Société les terres comprises dans un agrandissement de centre projeté dans un des départements algériens, ainsi qu'elle l'a fait pour le centre des *Trois Marabouts* dans le département d'Oran.

Les lots des concessions formant cet agrandissement, et défrichés en partie par les soins de la Compagnie, seraient livrés à des immigrants ou à des fils de colons choisis par elle et agréés ensuite par l'Administration.

(Voir à la suite un modèle de contrat, indiquant l'économie du projet, et les voies et moyens à employer pour assurer, dans de bonnes conditions, le peuplement d'un centre ou d'un agrandissement d'un centre déjà créé.)

Une fois l'allotissement de cet agrandissement fait et appliqué sur le terrain par les soins de l'Administration, la Société en prendrait possession, et elle y ferait exécuter immédiatement la construction des maisons d'habitation destinées aux concessionnaires, et le défrichement d'une partie de chaque concession, afin de pouvoir y installer — au commencement de la prochaine campagne agricole — sur leurs lots, les colons et immigrants qui auraient été choisis par elle et agréés par l'Administration pour assurer le peuplement complet de cet agrandissement.

Comme pour les agrandissements des centres, l'Administration n'a aucun travail d'aménagement à exécuter, les concessionnaires installés par la Société se trouveraient dans des conditions des plus favorables et entourés dès leur arrivée d'anciens colons expérimentés, ce qui rendrait le peuplement de cet agrandissement absolument sûr.

Nous estimons que le peuplement d'un agrandissement de 25 feux exigera une dépense de 6,000 francs par concessionnaire. Dans cette somme est comprise le coût de la maison d'habitation, la partie du terrain à défricher dans chaque attribution et autres dépenses de matériel, ce qui représente pour le peuplement de tout l'agrandissement une somme totale de 150,000 francs.

Cette expérience pourrait même être tentée à la fois dans les trois départements de l'Algérie et en Tunisie, et s'il est démontré, après ces essais, que ce mode de colonisation donne des résultats satisfaisants, on demanderait alors à l'Etat que le peuplement des agrandissements des centres déjà créés et de nouveaux centres à créer soit à l'avenir confié à des Sociétés de colonisation.

Nous sommes obligé de déclarer ici que si l'Administration a toujours apporté le plus grand soin pour doter les centres de colonisation de tout ce qui pouvait assurer leur prospérité au point de vue du choix de terres et aménagements divers, elle ne s'est pas toujours suffisamment préoccupée de bien choisir les immigrants et colons destinés à les peupler. Il est incontestable qu'une Société constituée comme nous l'indiquons saura prendre ses précautions afin d'obtenir un meilleur recrutement pour le peuplement des centres dont elle aura un intérêt direct à assurer la prospérité. Celle-ci, ayant fait ses preuves, étendrait alors le cercle de son action et de ses opérations sur toute la région du Tell, et même au delà, en achetant elle-même d'autres terres propres à la culture et à l'exploitation de grandes et petites fermes isolées, en outre de celles que l'Etat continuerait à mettre à sa disposition par la création de nouveaux centres administratifs.

En procédant de la sorte, on donnerait une salutaire impulsion au développement de la colonisation, et une Société ainsi organisée, tout en faisant une œuvre utile et patriotique, offrirait, dès son fonctionnement, un bon placement aux capitaux français qui se trouveraient engagés dans cette entreprise.

Telle est du moins notre conviction, basée sur des données positives, ce qui nous permet d'espérer la prompte organisation des Sociétés de colonisation pour l'Algérie, dont nous venons, croyons-nous, de démontrer l'utilité.

Enfin, ce qu'il faudrait encore, c'est que la France rompe avec sa routine et étende le champ de son action aussi loin que possible, et pour cela imiter, dans ce qui fait sa gloire, une nation voisine.

Nous possédons en Algérie de grandes richesses qui ne demandent qu'à être exploitées. — Nous avons des mers d'alfa pour fournir le textile destiné à se transformer en papier ; des montagnes renfermant dans leurs flancs des gisements miniers incalculables ; les hauts plateaux, pour l'installation de vastes bergeries destinées à alimenter le marché français.

Que faut-il pour que tous ces produits soient exploités ? Des capitaux mis en œuvre par le génie créateur de la France, qui ne sait malheureusement pas encore, ou semble l'ignorer, quelle immense fortune l'Algérie peut être pour elle.

Et pour mieux couronner son œuvre, sillonner progressivement toutes les parties du continent africain qui reconnaissent sa domination, de voies de communications destinées à faire pénétrer partout les bienfaisantes lumières de la civilisation.

Cette mission, qui a bien sa grandeur, est digne de la France qui ne doit se laisser distancer nulle part, ni par aucun Peuple.

SOCIÉTÉ DE COLONISATION DU TELL ALGÉRIEN

PROJET DE CONVENTION

Entre :

M. le Préfet du département de............, agissant au nom de l'État, d'une part ;

Et M............, mandataire dûment accrédité de la *Société de Colonisation du Tell Algérien*, ayant son siège à...........

Il a été convenu ce qui suit :

CHAPITRE Ier

Obligations de l'État envers la Société.

ART. 1er. — L'État s'engage à concéder gratuitement à la Société les emplacements à bâtir et les terres à livrer au peuplement, formant les lots d'attribution compris dans le périmètre des centres à créer à........ [1]

La concession faite par l'État aura lieu aux conditions énumérées ci-après :

Ce centre se compose de....... feux ; sa contenance de terres mises à la disposition de la Société est de..... hectares allotis, suivant le plan dressé à cet effet par l'Administration et comprend en outre un communal de parcours de...... hectares.

Les lots qui composent chacun des..... feux seront distribués par la Société à des immigrants et colons choisis par elle, mais agréés par l'Administration.

---

[1] Ou dans le périmètre de l'agrandissement du centre de. ... suivant le cas.

Art. 2. — L'État s'engage à élever à ses frais tous les édifices publics : Mairie, Église, Presbytère, Maison d'école, Gendarmerie, et à faire faire la délimitation, bornage des lots à bâtir, de jardin, de culture et des chemins publics ; à exécuter les plantations des places et boulevards ; à alimenter le centre d'eau potable et d'arrosage et de l'aménager pour être distribuée [1]. Il mettra également à la disposition de la Société plusieurs copies du plan de lotissement du centre, avec le tableau indicatif et l'état de composition des attributions.

Art. 3. — L'État prend à sa charge les frais de transport occasionnés par le passage des immigrants de la Société de Marseille ou de Port-Vendres à........ ; il leur assurera, en outre, sur les voies ferrées, tous les droits et avantages dont jouissent les agriculteurs de la Métropole qui se rendent en Algérie comme colons.

Dès que l'Administration aura fait entreprendre la construction des édifices publics, la Société commencera de son côté à édifier les maisons d'habitation destinées au peuplement du centre [2], suivant un type uniforme.

<h2 style="text-align:center">Chapitre II</h2>

Obligations de la Société envers l'État.

Art. 4. — La Société s'engage à pourvoir le centre de ..... maisons d'habitation construites d'après un type uniforme et d'un prix moyen de 3,000 francs l'une.

A chaque maison sera affectée une attribution telle que

---

(1) Lorsqu'il s'agira d'un agrandissement de centre, l'article 2 devra être modifié ainsi qu'il suit :

L'État mettra à la disposition de la Société plusieurs copies du plan d'ensemble du lotissement de l'.. ....., etc.

(2) Ou l'agrandissement des centres suivant le cas.

l'État l'aura formée et allotie, comprenant un lot de chacune des catégories de terres suivant l'état de la composition des attributions.

L'importance de cette attribution ne pourra être moindre de 30 hectares.

ART. 5. — Les dépenses de toutes sortes à faire par la Société, comprenant pour chaque attribution celles afférentes à la construction de la maison, du défrichement du tiers des terres de culture qui la composent, et l'achat d'une partie du matériel d'exploitation, le tout s'élevant à une somme de 6,000 francs.

Si, après un délai de.... ans à partir du jour de l'installation de l'immigrant ou du colon sur son lot d'attribution, il n'a pas rempli les engagements contractés avec la Société (engagements qui figurent dans le règlement général de la Société approuvé par l'Administration), il pourra être évincé de son attribution dans les formes légales prévues par la loi.

CHAPITRE III

Obligations de la Société envers les immigrants ou colons.

ART. 6. — La Société s'engage à remettre à chaque famille soit d'immigrants à leur arrivée à.........., soit de colons habitant l'Algérie, un lot d'attribution dans le centre ou agrandissement de........, composé comme il est dit dans les articles 4 et 5.

La distribution de ces lots se fera comme il est dit dans l'article 1er.

ART. 7. — Le contrat à intervenir entre la Société et l'immigrant ou colon, fixera d'une manière précise les obligations incombant à l'attributaire en échange de la cession qui lui est faite et suivant les prescriptions du règlement général de la Société dûment approuvé.

CHAPITRE IV.

Obligations des immigrants ou colons envers la Société.

ART. 8. — Les immigrants ou colons verseront au moment de la prise de possession de leurs attributions, entre les mains du Trésorier de la Société, une somme équivalente au dixième du capital avancé par la Société pour chaque attributaire, sans que ce capital puisse excéder 6.000 francs.

Les neuf dixièmes restants porteront intérêt à 5 0/0 et seront remboursés par annuités en principal et intérêts.

ART. 9. — Si l'immigrant ou le colon ne se libère pas aux époques fixées dans le contrat de cession, et s'il laisse écouler après l'échéance un délai de plus de 3 mois sans satisfaire à ses obligations, le montant intégral de la créance deviendra immédiatement exigible. Le recouvrement des sommes dues pourra être poursuivi par toutes les voies de droit.

L'immigrant ou colon sera tenu d'occuper par lui-même son attribution ou de la faire occuper par sa famille.

En aucun cas l'attribution ne pourra être louée ou vendue avant une période de 10 ans courant du jour de la mise en possession par la Société de l'immigrant ou du colon attributaire, à moins de remboursement intégral de sa dette envers la Société.

CHAPITRE V

Dispositions générales.

ART. 10. — La Société se réserve le droit de se pourvoir en Conseil d'État pour obtenir les bénéfices des avantages accordés aux Sociétés du Crédit Foncier par le décret du 28 février 1852.

ART. 11. — Les contrats de rétrocession par la Société aux immigrants et colons et les engagements de résolution seront enregistrés au droit fixe de 1 fr. 50.

Art. 12. — Les terrains stipulés à l'article 1er comme devant devenir la propriété de la Société lui seront définitivement acquis le jour où elle aura édifié dans le centre ou dans l'agrandissement du centre faisant l'objet de la présente convention, le nombre de maisons prévu, pour en disposer comme il vient d'être dit précédemment et où un contrat conforme à celui qui précède sera intervenu entre elle et un concessionnaire.

Fait et arrêté le.........

Nota. — Ce projet de convention a été rédigé en s'inspirant des dispositions que contenait celui qui, en 1876, fut soumis à l'Administration par la Commission de colonisation départementale d'Oran, créée par une décision gouvernementale.

Cette Commission, après s'être livrée à des études très approfondies sur les meilleurs systèmes de colonisation à mettre en œuvre, proposa à l'Administration de se constituer elle-même en Société de Colonisation pour essayer d'assurer le peuplement d'un centre projeté de son choix. Mais cette proposition fut rejetée par l'Administration qui ne voulut pas même, en cette circonstance, se départir de ses habitudes traditionnelles de faire tout par elle-même.

Cette Commission était cependant composée d'hommes dont la compétence en pareille matière ne saurait être contestée ; ce sont :

MM. Cauquil, chevalier de la Légion d'Honneur, président ; ancien Conseiller général, maire d'Oran.

Jules Giraud, chevalier de la Légion d'Honneur, membre ; banquier et président de la Chambre de commerce d'Oran.

Calmels, membre ; ancien Conseiller général, président du Comice agricole d'Oran.

MM. Montader, membre ; notaire à Oran.

    Cousinard, membre ; notaire, Conseiller général.

    Champenois, membre ; entrepreneur, Conseiller général.

    Saintpierre, membre ; négociant à Oran.

    Fonteneau, chevalier de la Légion d'Honneur, membre ; médecin en chef de l'hôpital civil d'Oran.

    Petit, membre ; agent-voyer en chef de la voirie départementale.

    Galens, secrétaire rapporteur ; vérificateur de la topographie.

Après cet exposé, nous pensons qu'il est inutile de trop insister sur les avantages réels qu'une grande Société de colonisation, constituée avec un capital suffisant, pourrait retirer en venant s'implanter en Algérie.

Tout esprit clairvoyant comprendra facilement que la Société, telle que nous la concevons, peut étendre son action sur toute la région du Tell en assurant le peuplement tous les ans d'un très grand nombre de centres. — Elle pourra, en outre, livrer à l'immigration française et européenne — à la suite d'achats, de cessions ou dotations qui lui seraient faites par l'Etat, sous certaines conditions — de vastes étendues de terres pour y créer de grandes et petites exploitations agricoles complètement indépendantes des attributions territoriales comprises dans les périmètres des centres de nouvelle création.

Ce n'est que par l'application sur une grande échelle de notre programme d'essai, et lorsque cet essai aura donné des résultats concluants, que cette entreprise pourra trouver la réalisation de bénéfices largement rémunérateurs.

APPENDICE.

Faisant suite à l'étude qui précède et en prévision des discussions que vont faire naître au Parlement les projets de réorganisation présentés par la Commission d'enquête, chargée de se prononcer sur les destinées de l'Algérie ; nous pensons qu'on ne saurait faire une œuvre utile que tout autant que les réformes qu'on se propose d'introduire dans le régime actuel seront inspirées par cette idée passée à l'état d'axiome dans l'esprit de tous les Algériens bien pensants :

Que rien ne saurait prospérer en Algérie tant que les institutions qui la régissent n'auront pas pour principal objectif le développement progressif et incessant de la colonisation par le peuplement européen.

Toute réforme qui n'aura donc pas pour conséquence immédiate d'encourager, attirer et retenir l'immigration européenne dans notre Colonie sera stérile et ne donnera d'autre résultat que celui de compromettre son avenir sans apporter aucune amélioration sensible à la situation actuelle.

Renforcer l'élément européen en Algérie est une chose nécessaire et indispensable pour contrebalancer l'élément indigène — non au détriment de ce dernier — mais pour faciliter davantage le rapprochement de deux races, en créant entre elles un plus grand nombre d'intérêts communs susceptibles d'augmenter leur bien-être dans une plus grande proportion et assurer en même temps la sécurité du pays pour le présent et l'avenir.

Quant aux Indigènes, ils cesseront d'être un danger réel pour la sécurité de la Colonie et deviendront, au contraire, *le plus précieux élément auxiliaire de sa prospérité* le jour où l'on voudra sérieusement initier le peuple conquis à notre civilisation pratique, à nos procédés de culture.

Un enseignement *uniquement professionnel* est le plus sûr moyen d'y parvenir.

Faire comprendre au peuple indigène, en exerçant au besoin sur lui une pression paternelle, que l'augmentation de ses produits agricoles peut seule lui procurer le bien-être ; voilà le devoir qui s'impose à une nation comme la France, dont le caractère généreux est la plus belle de ses qualités. Inculquer à ce même peuple l'amour du travail et de l'épargne, c'est aussi un des meilleurs moyens à employer pour l'aider à sortir de cet état d'abrutissement qui paralyse en lui toute espèce d'initiative et le condamne fatalement à la misère chaque fois que la récolte vient à manquer par suite de sa traditionnelle imprévoyance.

Pour bien apprécier les bienfaits que peut produire en Algérie le développement de la colonisation, il suffit de jeter un coup d'œil sur l'état florissant des colonies du Nouveau-Monde pour constater que c'est surtout à l'immigration européenne que les États-Unis, le Canada et l'Australie doivent leur grande prospérité qui fait aujourd'hui l'admiration du monde entier.

« Chicago, la vaste et splendide ville d'aujourd'hui qui, en 1837, n'était qu'un grand bourg de 4,479 âmes, rasée et purifiée par l'incendie de 1871, renaissant de ses cendres, compte aujourd'hui 1,300,000 habitants. Ville phénoménale, embrassant une étendue égale à celle du département de la Seine et dont le terrain à bâtir, dans certains quartiers, se vend au prix fabuleux de 5,500 francs le mètre carré.

« A cette heure, c'est une immense cité sillonnée de navires et de maisons à 18 étages, de parcs verdoyants, de coquettes villas de tous styles, de larges avenues se prolongeant à perte de vue, rattachée au monde américain par 29 lignes de chemins de fer, grenier d'abondance où affluent grains, fruits, bétail, pétrole, bois, charbons et métaux, marché inépuisable où le Far-West, la Californie, le Mexique et le Canada viennent traiter, se dégorger et s'approvisionner. »

Telle est cette Tyr moderne, décrite par M. E. de Kératry, et où doit être inaugurée prochainement une colossale et grandiose Exposition Universelle.

Pourquoi n'imiterions-nous pas l'exemple de ce grand peuple américain? Quels obstacles s'opposent à ce que l'Algérie, cette fille aînée de la France, devienne un prolongement de la Mère-Patrie et une des plus riches colonies du bassin méditerranéen?

Pourquoi, par la douceur de son climat tempéré, ne deviendrait-elle pas aussi l'attraction la plus recherchée, pour ne pas dire le vrai Eldorado des hiverneurs de l'Europe et du monde entier?

Pour que l'Algérie soit tout cela, il suffirait que nos Sénateurs, Députés, Conseillers généraux et municipaux, les Comices agricoles, les Chambres de Commerce, tous pénétrés de la même pensée, prennent d'ores et déjà position dans le prochain débat au Parlement de la question algérienne.

Sans préjuger des décisions déjà arrêtées par la Commission Sénatoriale, nous devons, dès à présent, nous concerter pour formuler nos *desiderata*, et proposer méthodiquement, par l'étude approfondie des questions algériennes à l'ordre du jour, les voies et moyens les plus judicieux à mettre en œuvre pour imprimer une impulsion vigoureuse à la colonisation.

Malgré l'opinion de ceux qui n'ont visité l'Algérie qu'à vol d'oiseau, et pour le plaisir de nous décrier, la population européenne y compte bon nombre d'hommes qui, sans avoir la notoriété et le savoir des Warnier, Robe, Rivière et de bien d'autres aussi distingués, représentent cependant une importante phalange de vaillants et honnêtes pionniers. Ils possèdent tous, sans conteste, cette justesse de vues que donne la sûreté d'un jugement sain résultant des observations journalières de toute une vie consacrée à des rudes et pénibles labeurs.

Les uns comme les autres sont donc en situation de faire connaître, avec l'autorité d'une compétence indéniable, ce qui peut le mieux être tenté avec des chances de succès, pour servir à la fois les intérêts des Colons et des Indigènes. Ils peuvent aussi indiquer les mesures préventives à prendre pour combattre efficacement les calamités périodiques qui nous accablent depuis quelque temps. Ce n'est certes pas sur le régime actuel, codifié suivant des usages surannés et en suivant les mêmes traditions que par le passé, qu'on peut compter pour conjurer le retour des épreuves que l'Algérie a traversées depuis la conquête.

La gravité de cet état de choses ne peut qu'aller en s'accentuant tous les jours davantage, tant qu'on ne prendra pas le parti d'en finir une bonne fois avec les errements suivis jusqu'à ce jour.

D'après un programme ayant préalablement reçu une sanction législative, une nouvelle et radicale réorganisation des services administratifs s'impose dans ce pays appelé à subir une salutaire et complète transformation. Ce programme, quoique arrêté dans ses grandes lignes, doit cependant pouvoir, dans son application, être très modifiable dans les détails de son exécution suivant les résultats obtenus mais toujours en convergeant vers le même but : Ce but consiste à arriver progressivement à la conquête pacifique et définitive de l'Algérie par la colonisation qui, seule, peut la régénérer et favoriser l'accroissement de ses produits agricoles et industriels, le développement de nos relations commerciales nationales et internationales et assurer simultanément et pour toujours sa prospérité et sa sécurité.

G. GALENS.

Alger. — Typ. P. Fontana et Cⁱᵉ